SERMON

SUR

LA MISSION RELIGIEUSE

DE

LA FEMME

PRONONCÉ AU TEMPLE ISRAÉLITE DE MULHOUSE

le samedi 11 juillet 1868 .Parascha de Pinehas.

ISIDORE LOEB.

נשים משלו בו
Les femmes vous gouvernent.
Isaïe, III, 12.

COLMAR

Imprimerie et Lithographie de Camille Decker.

—

1868.

SERMON

SUR

LA MISSION RELIGIEUSE

DE

LA FEMME

PRONONCÉ AU TEMPLE ISRAÉLITE DE MULHOUSE

le samedi 11 juillet 1868 (Parascha de Pinehas)

PAR LE RABBIN

ISIDORE LOEB.

נשים משלו בו

Les femmes vous gouvernent.

Isaïe, III, 12.

COLMAR

Imprimerie et Lithographie de Camille Decker.

1868.

MES FRÈRES,

Il est bien difficile de prendre la parole dans un temple animé, pour ainsi dire, de l'esprit de votre vénérable pasteur, et dans une chaire du haut de laquelle tombent, depuis tant d'années, ses conseils éloquents. Que pourrai-je dire qu'il ne vous ait appris déjà? Quelles vérités pourrai-je annoncer qu'il ne vous ait dévoilées depuis longtemps? Comment surtout ferai-je pour forcer les portes de vos âmes et trouver, comme lui, les accents qui vous touchent et la note qui vous aille au cœur? Heureusement vous êtes préparés, par son enseignement, à prêter votre attention aux plus humbles serviteurs de la religion. Ainsi cet entretien d'un instant ne sera point perdu, et cette semence, jetée comme en passant sur un sol fécondé par d'autres mains que les miennes, pourra, si Dieu le veut, produire quelque fruit.

Mes frères, Isaïe déplorant l'abaissement des Hébreux et leur dégradation morale, leur reprocha un jour de se laisser conduire par des femmes. נשים מושלו בו‪'‬ « Les femmes les gouvernent! » Je

_____
' Isaïe, III, 12.

relève aujourd'hui ces paroles tombées des lèvres dédaigneuses du prophète, et je m'efforcerai d'enlever l'amertume qu'elles contiennent. Ces traits, aiguisés par l'ironie, ne blesseront plus si les femmes, par leur conduite et leurs actions, se rendent dignes de présider à nos destinées. L'influence qu'elles exercent sur le monde semble grandir avec les siècles. Je ne suis pas de ceux qui s'en plaignent, je ne crois point que le pouvoir des femmes soit un pouvoir usurpé, et je veux seulement leur montrer comment elles doivent s'en servir pour le bien de l'humanité, les progrès de la religion, la gloire de Dieu et de la vérité.

Un homme célèbre a dit: Donnez-moi l'éducation, et je changerai le monde. On pourrait tout aussi bien s'écrier: Promettez-moi le concours des femmes, et je changerai le monde. Les religions cependant se sont toujours un peu défiées des femmes, et non sans raison, il faut l'avouer. Il y a eu, dans l'histoire de nos ancêtres, des époques où elles ont exercé sur le sort du peuple hébreu une influence déplorable. On en trouve un exemple des plus fâcheux dans la Parascha d'aujourd'hui même. Cependant il n'est pas vrai, quoiqu'on le répète souvent, que la religion juive ait conçu une trop mauvaise opinion des femmes. Elle les a dispensées d'un certain nombre de pratiques, nos docteurs nous ont souvent prescrit de ne pas leur enseigner la Tora, et l'un d'eux n'a pas été éloigné de croire que c'est un crime d'initier sa fille aux mystères de la Loi. Mais ce ne sont là que de naïves exagérations d'un

principe excellent. La femme n'a point la même nature
que l'homme, ni les mêmes facultés; elle ne peut,
par conséquent , avoir ni les mêmes droits ni les
mêmes devoirs sociaux ou religieux. Elle n'adorera
pas Dieu de la même manière, elle observera autre-
ment les préceptes de la morale et de la charité,
elle ne sera pas aussi instruite que lui, et ne mon-
tera pas jusqu'aux sommets les plus élevés de la
science. Les lois des sociétés modernes et le bon
sens ont depuis longtemps consacré ces inégalités.
La femme est inférieure ou supérieure à l'homme ,
elle n'est pas son égale; elle a , dans le monde, une
autre mission que lui à remplir, la plus noble des
missions et la plus enviable!

Qu'on ne reproche donc pas au Judaïsme, au nom
du progrès ou de certaines religions nouvelles, d'avoir
méprisé les femmes. Elles ont été avilies dans tout
l'Orient, excepté chez les Hébreux. Nos pères seuls
les ont respectées et aimées. La Bible leur a ex-
pliqué admirablement leur rôle, et indiqué les limites
de leurs droits et de leurs devoirs. Elle a compris
qu'on ne refait pas la nature humaine, qu'il est im-
possible de changer les desseins de Dieu, et elle a
donné aux femmes tout ce qu'on peut raisonnable-
ment leur accorder d'influence et d'autorité. On n'a
qu'à lire notre histoire pour s'en convaincre. Sara,
Rébecca, Rachel, Miriam, Débora, Hanna, Noémi,
n'étaient évidemment pas opprimées par les institutions de leur époque, et leurs contemporains sa-
vaient rendre hommage à leurs vertus. Le Judaïsme
a , si j'ose m'exprimer ainsi, trouvé la vraie formule

de la femme. Aussi a-t-il produit des femmes ad-
mirables. Nulle part on ne trouve plus de modestie
unie à plus de grandeur, plus de soumission sans
bassesse, plus de liberté sans licence. La religion
israélite leur a appris à faire la part exacte du ciel et
de la terre, de l'humanité entière et de la famille,
du dévouement et de l'intérêt. Elle a enseigné à nos
jeunes filles à cultiver tous les instincts élevés du
cœur, sans opprimer les uns, et sans laisser aux
autres un empire immérité. Aussi ont-elles toujours
eu le sentiment parfait de leurs devoirs, évité tous
les excès, et conservé leur dignité sans perdre leurs
grâces. Une marâtre ne peut aussi bien élever les
enfants qui lui sont confiés.

Les femmes n'inspirent donc pas à nos prophètes,
à nos orateurs, à nos rabbins une crainte supersti-
tieuse. Nos livres saints, il est vrai, leur lancent
plus d'une épigramme, et le Talmud se permet
plus d'une fois de les plaisanter. L'Ecclésiaste s'écrie
même, dans un moment de mauvaise humeur pro-
bablement : אדם אחד מאלף מצאתי ואשה בכל אלה
לא מצאתי.[1] Entre mille hommes j'ai quelquefois
trouvé un homme, mais nulle part je n'ai rencontré une
femme. » Cette boutade et celles du même genre ne
doivent évidemment pas être prises au pied de la
lettre. D'ailleurs de quelles femmes se défiait-on ?
De Sara, de Rébecca, d'Esther ? Non, mais de la
femme méchante לשמרך מאשת רע[2] ; de la femme

<hr>

[1] Ecclés., VII, 28.
[2] Prov., VI, 2.

querelleuse et acariâtre [1] מאשת מדינים וכעס; de la femme dont la beauté physique ne sert qu'à voiler les laideurs morales [2] אשה יפה וסרת טעם; de celle dont le cœur est plein d'embûches et de mystères dangereux [3] אשה אשר היא מצודים וחרמים לבה. Mais [4] אשת חיל עטרת בעלה la femme vaillante est la couronne de son mari; [5] מצא אשה מצא טוב celui qui a une femme vertueuse a trouvé le bonheur; [6] חכמות נשים בנתה ביתה la femme sage fonde la maison et la famille. Est-ce assez bien dit et est-ce assez profond? Où est l'injustice? où est l'avilissement de la femme? où est le dédain de ces anciens despotes pour leurs faibles compagnes?

Les Israélites, il est vrai, évitent soigneusement de toucher à certaines questions où les femmes sont mêlées; mais c'est le respect qui leur commande ce silence et cette circonspection. Le Judaïsme éprouve dans bien des circonstances des sentiments d'une délicatesse extrême, et comme une pudeur farouche que ne comprennent pas les peuples de l'Occident. Il se scandalise pour si peu... si peu... et il fait bien; il écarte des idées que d'autres expriment couramment; il se couvre la face devant des spectacles que d'autres contemplent d'un regard assuré. Nous ressentons des commotions que des natures plus grossières ne connaissent pas; nous avons des scrupules qu'elles ne soupçonnent même pas. Pour nous, le nom de Dieu est ineffable, nous

___

[1] Prov., XXI, 19. — [2] Ibid., XI, 22. — [3] Ecclés., VII, 26. — [4] Prov., XII, 4. — [5] Ibid., XVIII, 22. — [6] Ibid., XIV, 1.

nous défendons, par mille réticences pieuses, des pensées de mort, et nous enveloppons les femmes de toutes les précautions de la chasteté. On nous accuse d'être dédaigneux envers elles, et nous ne sommes que timides ; d'être pleins de mépris, et nous sommes, au contraire, pleins de respect et de dévouement.

Comment d'ailleurs la religion israélite aurait-elle découragé, par ses froideurs, ces femmes toujours prêtes à se jeter dans ses bras ? comment les aurait-elle repoussées et reléguées dans l'ombre ? Les femmes sont les alliées naturelles de la religion, et la foi ne trouve pas d'auxiliaires plus dévoués. L'homme s'attache volontiers aux résultats positifs de la science ; son esprit aime les déductions rigoureuses et les constructions solides de la logique. Il lui faut des systèmes précis et fortement bâtis, aux lignes fermes et aux contours bien arrêtés. Les obscurités de la foi lui répugnent, et il s'obstine à les dissiper. S'il aperçoit les sommets éblouissants de l'édifice religieux, il les prendra pour un beau mirage, à moins de voir la base du monument et de pouvoir gravir un à un les degrés qui mènent jusqu'au faîte. La femme, au contraire, a des intuitions sublimes, des inspirations imprévues qui déjouent toute logique ; elle a des élans qui la portent, d'un seul bond, et par-dessus tous les obstacles, jusqu'aux régions célestes. Loin d'elle les timidités de la raison et les hésitations d'une amitié mal assurée. Elle comprend avec le cœur, et c'est la meilleure manière de comprendre. J'aime ses audaces charmantes, ses belles illusions, sa confiance sans bornes. Elle se livre tout entière, sans réserve, sans arrière-pensée , pieds et poings liés, au Dieu dont l'amour la consume , et elle se blottit en tremblant sous les ailes caressantes de l'Eternel. Le mystère, loin de l'épouvanter, l'attire et la charme; les horreurs secrètes de l'avenir la séduisent ; elle cherche ces émotions qui font à la fois frémir et pleurer. Ne lui parlez point de difficultés , de doutes inquiétants , de problèmes insolubles. Comme ce héros de l'antiquité, elle tranche d'une main victorieuse le nœud que vous cherchez en vain à débrouiller. D'ailleurs la religion est femme aussi, elle est mère. Entre elle et nos compagnes il y a comme une association secrète, un langage convenu, des correspondances cachées, un échange continuel de regards mytérieux. Elles conspirent sans cesse, se comprennent à demi-mot, se serrent la main en silence, se confient leurs joies et leurs peines : elles sont faites pour s'entendre !

Cependant le Judaïsme ne compte pas sur la faiblesse des femmes pour se les attacher. Il y a des religions qui encouragent les folies de l'amour mystique , et attirent les femmes par des airs langoureux et des tendresses maladives. La nôtre n'aime point ces rêveries fades, ces infortunes imaginaires et incomprises. Elle ne veut point accabler les âmes sous le poids de douleurs factices; elle ne veut point que la vie se passe à gémir, à pleurer, à user ses genoux sur le pavé des temples, à pencher la tête et lancer au ciel des regards inspirés. De pareilles pratiques

sont énervantes et dangereuses. Il faut qu'une religion sache unir la force à la grâce, être tendre sans
faiblesse, puissante sans dureté, grave sans devenir
sombre et sereine sans devenir frivole. Qu'ont produit ailleurs ces larmes inutiles, ces passions fiévreuses, ces extases brûlantes ? Quels tristes spectacles n'ont-elles pas donnés au monde ? הֲיַחְתֶּה אִישׁ
אֵשׁ בְּחֵיקוֹ וּבְגָדָיו לֹא תִשָּׂרַפְנָה « Comment pourrait-
on porter le feu dans son sein et ne pas brûler ses
vêtements ? » Non, il faut que la religion établisse
entre toutes nos facultés un parfait équilibre. L'union
et la combinaison de toutes les forces humaines fait
la santé de l'âme et illumine nos consciences d'une
joie céleste. Un cœur pur brûle d'une flamme tranquille, et ce rayonnement intérieur est l'éclat de la
vérité. Le Judaïsme délivre les femmes des excès
de la crainte sans qu'elles tombent dans les excès de
l'amour. Il les préserve du mysticisme larmoyant et
des sensibleries ridicules. Le fatalisme oriental n'enchaîne pas nos bras, la rêverie de l'Occident n'a
point détrempé tous les ressorts de nos âmes. La
société a besoin d'hommes et non de rêveurs.

Je ne voudrais pas cependant, il faut le dire franchement, que nos femmes fussent semblables au type
vanté par le moraliste qui se cache sous le nom de
Lemuël. La femme forte des Proverbes (chap. xxxi)
est, pour moi, trop virile ; ses vertus ont quelque
chose de trop mâle ; elle a perdu les grâces et les
séductions de son sexe. Le triomphe de la femme
juive est au sein de la famille, entre son mari et ses
enfants. C'est là qu'elle doit déployer tout son art,

épuiser toutes les ressources de son génie, dévelop-
per ses plans les plus compliqués et les plus habiles;
c'est là qu'elle doit livrer ses grandes batailles et
remporter ses plus grandes victoires. Je veux que
sa vertu soit discrète et que sa gloire ne dépasse
guère le seuil de sa maison. J'aimerais mieux qu'elle
s'occupât moins de commerce et d'agriculture. Il
n'est pas nécessaire qu'on la loue aux portes de la
ville ou dans les rues, et que ses fils proclament
partout ses louanges. Elle est comme ces parfums
exquis, mais délicats, qu'il faut soigneusement ren-
fermer, de peur qu'ils ne s'altèrent. Elle ne doit
point, sans doute, se confiner entièrement dans sa
demeure et renoncer à toute influence sur la société.
Au contraire, elle peut exercer presque partout un
pouvoir toujours utile et toujours respecté. Mais elle
doit le faire en restant femme, sans bruit, sans os-
tentation, en cachant ses bienfaits comme on cache-
rait des fautes, et en couvrant ses plus nobles actions des voiles de la pudeur et du silence.

Ah! mes sœurs, vous avez, même dans le cercle
étroit de la famille, de beaux devoirs à remplir. La
Synagogue vous appelle à son secours; consolez
cette grande éplorée et ramenez-lui ses enfants. Vous
êtes mères et vous devez comprendre ses douleurs.
Rendez-lui d'abord l'affection de vos époux et re-
dressez leurs convictions chancelantes. Dans une
ville aussi industrieuse que la vôtre, toute leur attention est concentrée sur les péripéties souvent heureuses, quelquefois inquiétantes, d'une vie pleine
d'alarmes et d'un labeur sans cesse renaissant. Ils

n'ont pas le temps d'accomplir toutes les prescriptions religieuses, ou ils ne croient point l'avoir; ils ne peuvent méditer longuement les enseignements du Judaïsme. Pensez et sentez pour eux. Expliquez-leur les beautés de la religion, vous qui les comprenez si bien, et qui avez, pour persuader, des paroles si profondes et des regards si éloquents. Révélez-leur la vérité qu'ils pourraient méconnaître, et faites-leur voir, comme vous les voyez, les grâces irrésistibles de la foi. Craignez-vous d'échouer dans cette entreprise? Non, vous ne le craignez pas, vous êtez sûres de votre pouvoir, vous êtes sûres d'avance de vaincre leurs défiances et leurs doutes. Nul ne sait, comme vous, toucher un cœur, verser une larme, s'humilier pour triompher; nul ne sait prier comme vous et d'un si beau geste montrer le ciel ! השבעתי אתכם בנות ירושלם « Ah ! je vous en conjure, filles de Sion,» soyez les prêtresses du foyer domestique, et entretenez de votre souffle le plus pur le feu qui dort sous le cendre. Mettez vos « bien-aimés » en présence de la foi de leurs pères, amenez-les malgré leurs résistances, obligez-les de contempler d'un œil sincère cette religion si malheureuse et si dédaignée, et puis allons ! un bon mouvement, un bon sentiment, une parole venue de l'âme, un regard encourageant, et ces mains ennemies vont se presser, et la réconciliation est scellée, et votre triomphe est assuré; vous tressaillez de joie et vous vous applaudissez de votre œuvre.

Mais, ô mes sœurs, ô mères vigilantes et inquiètes, songez surtout à vos enfants, songez à leur avenir,

et veillez sans cesse à leur éducation religieuse.
Voulez-vous qu'ils vous aiment et vous respectent ?
apprenez-leur à aimer Dieu et à respecter le Père de
tous les hommes. Voulez-vous qu'ils ne succombent
pas sous le poids de la vie, et que le désespoir ja-
mais ne leur déchire l'âme ? apprenez-leur à con-
naître cette amie fidèle qui sèche toutes les larmes,
guérit toutes les blessures et endort toutes les douleurs. Voulez-vous qu'ils soient heureux ? Ah oui !
n'est-ce pas, vous le voulez ? Eh bien ! apprenez-leur à
goûter les joies les plus pures de ce monde, les joies
de la conscience et de la religion. Rappelez-vous
que vous êtes responsables de leurs actions, que vous
disposez entièrement de leurs cœurs, et que vous
ferez d'eux, à votre gré, de pieux enfants de Jacob
ou des hommes sans foi et sans convictions. N'ou-
bliez pas qu'ils pourraient un jour vous reprocher
d'avoir éteint en eux les belles ardeurs de la jeu-
nesse, brisé leurs illusions et flétri leurs espérances.
Suivant une tradition touchante, ils sont, entre les
mains du Seigneur, comme les gages de l'alliance
contractée avec Israël. « Les Hébreux, dit le Mi-
drasch [1], étaient assemblés au pied du Sinaï, et
l'Eternel leur dit : Je vous donne la Tora, mais
garantissez-moi que vous l'observerez. — Nos ancêtres, dirent-ils, seront nos garants. — Vos
ancêtres ont tous commis des fautes, et leur ga-
rantie ne peut me suffire. — Alors, Seigneur,
prends nos enfants. — Oui, répondit Dieu, ce sont
là de bons garants et je les accepte. »

[1] M. Rabba, sur le Cantique des Cantiques, ii, 4,

Vous observerez donc les préceptes de la religion, ô mères d'Israël, pour que vos enfants les observent et que le ciel vous bénisse dans votre postérité. Enseignez donc vos fils les principes du Judaïsme; apprenez à vos filles le chemin du temple d'où une vieille habitude les tient éloignées. Leur instruction religieuse est ordinairement négligée. Ils savent bien lire l'hébreu, dire par cœur des prières qu'ils ne comprennent pas, réciter les dix commandements ou les treize articles de foi, et même traduire quelques passages des Ecritures saintes. Ils possèdent ce qu'il faut pour prendre part à nos offices sans éprouver de l'embarras ou des surprises indécentes. Mais l'esprit, la beauté et la grandeur de notre religion leur échappent. Vous leur apprenez, si j'ose m'exprimer ainsi, leur métier d'Israélites, et rien de plus. Cet enseignement mécanique ne parle point à leur esprit et ne leur va point à l'âme. La prière s'échappe machinalement de leurs lèvres et leur cœur est stérile. Pour eux, nos pratiques religieuses ont perdu leur poésie, nos temples n'ont plus de mystères et nos symboles sont muets. Vous les lancez au milieu des orages du monde en leur livrant quelques vaines formules, comme si elles renfermaient des vertus magiques et contenaient tous les secrets de la vie. Qu'ils aillent maintenant affronter les périls et les douleurs de la terre, qu'ils aillent rompre tous les enchantements et repousser toutes les tentations. Les voilà cuirassés contre la médisance, l'envie, la haine, la perfidie, l'ingratitude. La maladie ne peut les atteindre, les revers ne peuvent les abattre, il ne leur faudra ni refuge, ni soutien, ni consolation, et ils n'auront pas besoin du secours de Dieu. Ils n'en auront pas besoin? Ah! mes sœurs, je ne vous reconnais plus, je ne reconnais plus ces mères pleines de sollicitude et d'appréhensions. A quoi pensez-vous donc? Vous désirez que vos enfants soient heureux, vous le voulez de tout votre cœur et de toute votre âme, vous seriez prêtes à sacrifier votre vie pour leur bonheur; ils sont votre joie, votre espérance, votre consolation, votre chair et votre sang; donnez-leur donc une mère dont vous ne soyez point jalouses, et qui puisse mieux que vous les soutenir, les protéger et même — mais vous ne me croirez peut-être pas — et même les aimer!

Faites aussi, mes chères sœurs, que les pauvres appellent sur leur tête les bénédictions célestes et vous récompensent ainsi de vos bienfaits. Vous êtes la providence des infortunés de ce monde et comme leurs anges gardiens. Il est des douleurs qu'une femme seule sait deviner, des misères farouches qu'une femme seule sait apprivoiser. Qu'il faille vaincre les fières résistances du malheur ou les cœurs rebelles à la charité, la femme seule trouve les biais, les délicatesses heureuses, les sourires divins, les arguments triomphants. Elle seule découvre, pour s'insinuer dans les cœurs, des routes mystérieuses que son instinct lui révèle, des ruses infaillibles, une diplomatie à la fois candide et subtile et victorieuse. Les échecs ne la découragent point, ses insistances sont pleines de séductions et l'ardeur qu'elle y met lui prête un charme de plus. De la femme bienfaisante on peut dire, bien plutôt que de la femme forte des Proverbes, בטח בה לב בעלה elle a la confiance de son mari ; רחוק מפנינים מכרה elle est plus précieuse que l'or et les diamants[1]. Sa douceur inaltérable, sa charité sans bornes, son indifférence aux refus et à l'ingratitude, voilà ce qui fait sa vaillance, voilà ce qui en fait une femme forte, voilà les seules vertus qui aillent bien à la femme juive.

Vous devez surtout, mes sœurs, vous efforcer d'établir entre le pauvre et le riche des rapports intimes, un échange continuel de sentiments et d'affections. Il faut mettre, dans la pratique de la charité, une simplicité qui est la marque des grandes âmes; il y faut de l'abandon, du naturel, de ces inventions délicates que le cœur seul sait trouver. J'envie le bonheur de la femme qui peut consacrer sa vie à secourir les malheureux, qui peut aller du matin au soir consoler les pauvres, leur serrer la main, s'asseoir, dans leur triste demeure, sur la chaise chancelante, écouter les plaintes de la vieille mère, apprendre à la jeune fille à conduire l'aiguille, recoudre les misérables lambeaux dont se couvre l'enfant, et disparaître, comme une vision céleste, en laissant derrière elle une trace lumineuse. Lorsqu'elle retourne au sein de sa famille, elle rayonne de joie, elle jouit sans remords des biens de la terre, elle contemple sans inquiétude la tête innocente de ses

[1] Prov., XXXI, 10 et 11.

enfants, et dépose sur leur front un baiser plus sonore : elle se sent digne d'être heureuse !

Mais puis-je oublier à qui je parle en ce moment? Ces joies célestes, vous les cherchez sans cesse, mes frères et mes sœurs, et vous les éprouvez tous les jours. Vous avez été des premiers à étendre les préceptes de la charité israélite et à fonder ces belles institutions dont votre communauté peut être fière. Ici des enfants apprennent à gagner leur vie en exerçant un métier honorable, et des hommes dévoués, que les sacrifices et les peines ne lassent point, surveillent leur apprentissage, suivent leurs progrès, entretiennent entre eux, par des récompenses distribuées à propos, une émulation salutaire, et soutiennent ainsi de toutes leurs forces une œuvre si utile et si morale. Là des vieillards infirmes et des pauvres que la maladie jette sur le lit de douleur, éprouvent sans cesse les effets de votre inépuisable bonté et de vos soins délicats. Ailleurs encore je vois des mains peu habituées au travail préparer des vêtements pour les enfants malheureux avec une application dont on les croirait incapables. Que vous demanderai-je de plus et que puis-je vous apprendre ? Votre charité, j'en suis sûr, trouvera encore des inspirations qui dépasseront toutes nos espérances. Puissiez-vous aussi bien rendre à notre culte son éclat, et à la foi son empire sur les cœurs !

C'est sur vous, mes sœurs, que nous comptons pour rajeunir la religion de nos pères. La morale ne persuade point par les principes, et les arguments sont de faibles armes entre nos mains. Ni les grands discours, ni les colères, ni les menaces ne subjugueront les esprits rebelles. Les liens du cœur sont plus puissants que ceux de la raison, et c'est par les liens du cœur qu'il faut attacher nos enfants à la religion. Les amours raisonnées ne sont pas les plus profondes. L'enfant préfère sa mère à toutes les autres femmes, non parce qu'elle est la meilleure des femmes, mais parce qu'elle est sa mère. Nous préférons notre patrie à tous les autres pays, non parce qu'elle est le plus beau des pays, mais parce qu'elle est la patrie. C'est ainsi que nous devons aimer notre religion, et c'est vous, femmes d'Israël, qui devez inspirer cet amour à vos maris, à vos fils et à vos filles. Il faut que nous nous attachions au Judaïsme, non pas précisément parce qu'il est excellent et supérieur, mais parce que vous nous aurez obligés à lui donner peu à peu et pièce à pièce notre cœur et notre âme. Il faut nous y attacher, non à l'aide de chaînes forgées par la théologie, mais par mille liens invisibles, par le souvenir, le sentiment, la poésie, l'honneur et l'amour. Vous formerez ainsi autour de l'âme, sans qu'elle s'en aperçoive, un réseau léger et pour ainsi dire perfide, où elle se trouve enfermée comme par surprise, et dont elle ne puisse ni rompre ni traverser les mailles. Ces fins tissus, entrelacés par des mains si délicates et si chères, sont plus forts que les attaches les plus puissantes. Nous bénirons ces mains, nous les presserons avec reconnaissance, nous remercierons nos mères et nos femmes de nous avoir enchaînés avec tant d'art et de sollicitude, nous serons heureux d'être gouvernés par elles, et nous les entourerons d'amour, de respect et de vénération. Amen !

www.ingramcontent.com/pod-product-compliance
Lightning Source LLC
Chambersburg PA
CBHW050733070726

47597CB00009B/3907